TRAVAUX DE DÉFENSE

DE LA

VILLE DE ROANNE

RAPPORT POUR L'ENQUÊTE

PRÉSENTÉ, LE 23 OCTOBRE 1868, A LA

CHAMBRE DE COMMERCE

Par M. Francisque CHAVERONDIER

SECRÉTAIRE-TRÉSORIER

ROANNE

IMPRIMERIE SAUZON, RUE IMPÉRIALE, 70

1868

TRAVAUX DE DÉFENSE

DE

LA VILLE DE ROANNE

RAPPORT POUR L'ENQUÊTE

PRÉSENTÉ, LE 23 OCTOBRE 1868, A LA

CHAMBRE DE COMMERCE

Par M. Francisque CHAVERONDIER

SECRÉTAIRE-TRÉSORIER

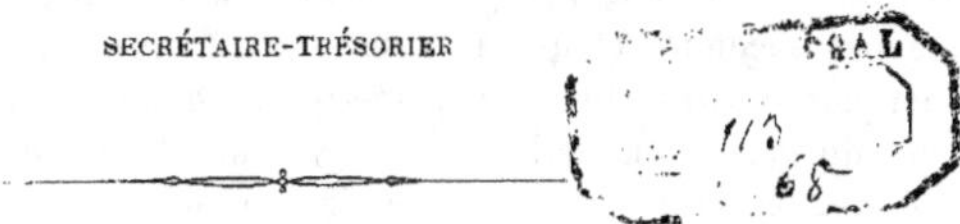

La Chambre de Commerce de Roanne, appelée à donner son avis au sujet du projet d'exhaussement et de consolidation des digues destinées à garantir la ville des inondations, après avoir examiné très-attentivement toutes les pièces de l'Enquête, croit devoir soumettre à l'Administration les observations suivantes :

La ville de Roanne semble fatalement destinée à subir des inondations à des périodes de temps assez rapprochées ; et, pour éviter les désastres qu'elles lui ont causés et pourraient lui causer encore, le Gouvernement a fait étudier un projet d'exhaussement et de consolidation des digues actuelles. Mais ces digues, à moins qu'elles ne soient construites dans des conditions extraordinaires de solidité, ne sauraient résister à la violence du courant et à l'énorme pression de l'eau en temps de crue, en supposant même que l'on donne aux eaux du fleuve un écoulement rapide et suffisant.

Il s'agit donc d'examiner d'abord si le pont de Roanne offre un débit suffisant à une quantité d'eau égale à celle de la crue du 18 octobre 1846 ; s'il n'y a pas des obstacles qui s'opposent à l'écoulement rapide des eaux ; si les digues, reconstruites selon les plans et devis de Messieurs les Ingénieurs, seront dans des conditions de solidité telles, que la ville de Roanne n'ait rien à redouter des inondations qui peuvent se produire à l'avenir ; et enfin s'il n'y a pas un moyen plus efficace, plus certain pour garantir à tout jamais la ville de Roanne des inondations.

Le débouché du pont de Roanne est positivement insuffisant, en temps de crue, et la première chose à faire serait de mettre ce débouché en rapport avec la masse d'eau fournie par la crue de 1846. Si cela n'est pas fait, il est certain que les digues projetées seront impuissantes à retenir une masse d'eau aussi considérable, et que Roanne éprouvera alors des désastres aussi grands que ceux qui l'ont frappée à cette époque.

M. de Marne, ingénieur en chef du service de la Loire, cherche à prouver que les sept arches du pont pourraient, dans le cas où elles seraient complètement bouchées par l'eau affleurant le sommet des voûtes, donner passage à un cube d'eau de plus de 7000 mètres par seconde. Il dit que, d'après les calculs faits, le débit maximum n'a été, en 1846, que de 4700 mètres par seconde, et que le vide existant entre la surface de l'eau et le sommet des voûtes était de 1 mètre de hauteur ; et il ajoute que, au moment du maximum de la crue, le volume d'eau qui passait dans la ville n'a pas dû dépasser 80 à 100 mètres cubes.

Les assertions de M. de Marne sont tout à fait dénuées de fondement, ainsi qu'il est facile de le lui prouver par ses propres calculs et par l'opinion des Ingénieurs qui, lors de la crue de 1846 ou peu de temps après, ont recherché les moyens propres à prévenir les désastres causés par les inondations de la Loire.

D'après M. de Marne, le volume total des eaux, pendant le maximum de la crue de 1846, n'aurait été que de 4780 à 4800 mètres, tandis que M. Vauthier, alors ingénieur en chef de la navigation de la Loire, a trouvé, d'après ses calculs, que ce volume s'est élevé à 7300 mètres cubes par seconde. M. Boulangé, alors ingénieur en chef du département de la Loire, a reconnu l'exactitude de ces chiffres dans un mémoire qu'il a fait imprimer à Montbrison, le 11 juillet 1847. M. Gruner, toujours d'après les calculs de M. Vauthier, estime ce volume à 7400 mètres.

Il est vrai que M. Bontoux, ingénieur ordinaire, n'avait d'abord évalué ce volume qu'à 6600 mètres ; mais postérieurement il a reconnu, dans son mémoire du 9 novembre 1847, que le quart du volume des eaux de la crue passait à la gauche du pont, et il y estime positivement à 7200 mètres la quantité totale du volume des eaux de la crue de 1846. Ce n'est donc pas, comme l'affirme à tort M. de Marne, 4800 mètres cubes d'eau que la crue de 1846 a fournis par seconde ; ce n'est même pas 7400 mètres, comme le disent les autres Ingénieurs ; c'est 9466 mètres cubes au minimum, ainsi que nous le verrons tout à l'heure.

Monsieur l'Ingénieur en chef dit que le débit maximum du pont n'a été que de 4700 mètres ; or, ce même débit est évalué à 5400 mètres par M. Bontoux, et à 5450 par M. Vauthier, ingénieur en chef.

Il y a, du reste, entre les deux assertions de M. de Marne, une contradiction évidente qu'il importe de signaler. Il soutient que le pont, en supposant ses arches entièrement bouchées par l'eau, pourrait débiter plus de 7000 mètres par seconde, et cependant il affirme que, le 18 octobre 1846, il ne passait sous le pont que 4700 mètres cubes par seconde, et qu'au moment maximum de la crue, c'est-à-dire au même moment, il ne restait, entre la surface de l'eau et l'intrados des voûtes, qu'un vide de 1 mètre de hauteur. La Chambre de Commerce serait très reconnaissante envers M. de Marne, s'il voulait bien concilier ces deux propositions, qui s'excluent positivement. En effet, d'après les calculs faits par M. Dumarais, lieutenant-colonel d'artillerie en retraite, en divisant l'ouverture des arches du pont en sections de 1 mètre de hauteur, la section supérieure n'a que 8 mètres 30 de surface, ce qui, pour les sept arches qui composent le pont, donne un total de 58 mètres 10 centimètres. Or, la section totale du pont étant de 1272 mètres 60, il en résulte que si 1214 mètres 50 n'ont laissé passer qu'un volume de 4700 mètres, la section totale du pont, soit 1272 mètres 60, n'aurait pu procurer qu'un débit de 4924 mètres cubes, au lieu de 7000 mètres.

On aura beau objecter que si les digues n'avaient pas été rompues et si tout le volume d'eau produit par la crue avait été maintenu par ces digues, la vitesse du courant aurait été plus considérable. Il est impossible d'admettre que cette augmentation de vitesse aurait été assez grande pour donner passage à un volume d'eau supérieur de près des deux tiers à celui que M. de Marne indique comme ayant été débité par le pont.

L'assertion de M. de Marne paraît encore plus dénuée de fondement, si l'on se rappelle que, au lieu de 80 à 100 mètres indiqués par cet ingénieur comme le volume d'eau qui passait en dehors du pont, ce même volume était de 1800 mètres, selon M. Bontoux, ingénieur ordinaire ; de 1900 mètres, selon M. Boulangé, ingénieur en chef, et M. Vauthier, ingénieur en chef de la navigation de la Loire ; et de 2000 mètres, selon M. Gruner. Mais que penser de cette assertion, en présence des chiffres de 5400 et de 5450 mètres cubes posés par MM. Vauthier et Bontoux, comme représentant exactement le volume d'eau débité par le pont pendant le maximum de la crue, tout en laissant un passage libre de 1 mètre de hauteur, tandis que, d'après les calculs de M. de Marne, le pont ne pourrait débiter que 4924 mètres cubes, en supposant ses arches entièrement bouchées par l'eau ?

Le volume d'eau qui a passé dans la ville ou dans la brèche faite par les eaux à la chaussée de 30 mètres d'épaisseur existant entre la ville et le pont, ce volume a été positivement beaucoup plus considérable que Messieurs les Ingénieurs ne l'avouent. En effet, voici ce que dit, dans son rapport, M. Bontoux, ingénieur ordinaire, qui a assisté à toutes les phases de cette épouvantable inondation, et a fait tous ses efforts pour en arrêter les désastres :

« A minuit et demi, le 18 octobre, les eaux arrivaient au couronnement » de la levée ; quelques secondes après, il ne restait plus que des tronçons » de cette faible défense. La première brèche s'est faite immédiatement » en amont du pont du Renaison, sur une longueur d'environ 50 mètres ; » nous n'avons pu juger du moment où les autres parties ont été » détruites.

» Les eaux, montant toujours, sont arrivées à la rue Royale (route » royale n° 7) en traversant les maisons qui la bordent, et *un courant* » *affreux* s'est établi en travers de cette rue, depuis le quartier du Creux-» Granger, le premier envahi, jusqu'au bassin du Canal et au quartier » des Charpentiers, bâti sur ses bords.

» Cependant les eaux montaient toujours. A deux heures et demie du » matin, le 18 octobre, la chaussée de 30 mètres d'épaisseur établie entre » le pont et la ville a été entamée par le courant à l'extrémité de la rue » Royale ; le passage une fois ouvert, le progrès des eaux a suivi une » rapidité effrayante, et un véritable torrent y a creusé son lit.

» Pendant sept ou huit heures, ce bras de la Loire, dont les torrents » des montagnes peuvent seuls donner une idée, est venu se briser contre » les maisons qui terminent la ville de ce côté. La promenade du pont, » les quais du bassin et les maisons qui les bordaient, tout a disparu » dans un gouffre de *dix* mètres de profondeur.

» A deux heures et demie après midi, le 18, le torrent s'était ouvert » un passage de 140 mètres de large ; le fleuve avait pour un moment

» reconquis le lit dont la main de l'homme l'avait chassé quinze ans » plus tôt (1). »

En supposant que, le 18 à midi, moment où la crue avait atteint son maximum sous le pont, la brèche faite à la chaussée n'ait eu encore qu'une largeur de 90 mètres au lieu de 140 indiqués par Monsieur l'Ingénieur ordinaire, et en supposant que la vitesse de l'eau n'y ait pas été supérieure à celle qu'elle avait sous le pont, soit 5 mètres 30 par seconde, chiffre qui est certainement trop bas, puisque M. Bontoux compare ce volume d'eau aux torrents des montagnes, qui ont une pente infiniment plus rapide, et en ne portant sa profondeur qu'à 8 mètres au lieu de 10 indiqués par cet ingénieur, on trouve un débit de 3816 mètres par seconde ; à ce débit il faut ajouter le volume d'eau qui passait dans la ville, lequel ne peut être évalué à moins de 200 mètres cubes, soit un total de 4016 mètres cubes qui passait en dehors du pont.

Monsieur l'Ingénieur en chef évalue, il est vrai, de 80 à 100 mètres cubes le volume d'eau qui a passé dans la ville, et il prétend qu'on se l'est singulièrement exagéré. Il a fait, dit-il, le nivellement de tous les repères placés en amont et en aval de la route impériale, et c'est sur ces repères qu'il a basé le calcul qui a accusé seulement 80 à 100 mètres cubes. Mais il faut remarquer que ce nivellement a été fait bien postérieurement à l'inondation de 1846 et après l'exhaussement d'une grande partie de la route impériale; il n'a tenu compte ni de cet exhaussement, ni de l'effondrement de plusieurs maisons, notamment de la maison Jacob, effondrement qui a eu lieu aussitôt après l'irruption des eaux dans la ville, ni des portails, devantures de magasin et portes d'allée, ni des rues Poisson, des Vies-Vieilles, des Minimes, Marengo et petite rue des Minimes, qui étaient autant d'exutoires et donnaient passage à un très-grand volume d'eau dont le courant était si rapide, que plusieurs barques de sauvetage ont chaviré, malgré la grande habileté des mariniers qui les conduisaient.

M. de Marne n'a oublié qu'une chose, c'est l'eau qui passait par l'énorme brèche de la chaussée; et Monsieur l'ingénieur Bataille, interpellé sur ce point par les Membres de la Chambre de Commerce, a bien été obligé de reconnaître que l'on n'avait tenu aucun compte des 3816 mètres cubes d'eau qui passaient par cette brèche.

Monsieur l'ingénieur Boulangé indique ainsi, dans le tableau joint à

(1) Rapport de Monsieur l'Ingénieur ordinaire Bontoux, conformément aux prescriptions de la lettre de Monsieur le Sous-Secrétaire d'Etat des Travaux publics, en date du 19 avril 1847.

son mémoire du 11 juillet 1847, la hauteur des eaux au pont de Roanne pendant la journée du 18 octobre : A minuit, 6 mètres ; à une heure du matin, 7 mètres ; à six heures, 7 mètres 42; à midi, 7 mètres 42; à cinq heures du soir, 7 mètres.

Ainsi, il est positif qu'en même temps que la brèche de la chaussée atteignait sa plus grande largeur, les eaux atteignaient aussi leur maximum de hauteur sous le pont. En effet, d'après Monsieur l'Ingénieur ordinaire, la brèche faite à la chaussée, à deux heures et demie du matin, *a suivi une rapidité effrayante, et un véritable torrent y a creusé son lit.* Il est donc certain qu'en ne calculant que sur une largeur de 90 mètres, nous sommes bien au-dessous de la vérité, puisque, deux heures plus tard, cette brèche avait 140 mètres de large. Monsieur l'Ingénieur en chef Vauthier écrivait ceci dans le *Conciliateur* du 14 avril 1847 : « Le 18 octobre, au plus » fort de la crue, il est passé sous les arches du pont un volume d'eau de » 5450 mètres cubes par seconde, et *au même moment*, un volume d'eau » de 1840 mètres cubes par seconde a coulé hors du lit du fleuve à la » gauche du pont. »

M. de Marne soutient que, dans le cas où les arches du pont seraient entièrement bouchées par l'eau affleurant le sommet des voûtes, le débit total du pont serait de plus de 7000 mètres par seconde. Cependant, on a vu que ses calculs ne donnaient qu'un débit de 4924 mètres cubes ; et en acceptant la vitesse des eaux désignée par l'Ingénieur ordinaire comme étant de 5 mètres 30 par seconde, il ne passerait sous le pont qu'un volume d'eau de 6745 mètres cubes par seconde, puisque la section totale du débouché n'est que de 1272 mètres 60. Encore faudrait-il pour cela que les trois arches de droite fussent débarrassées des sables qui y occupent une section de 218 mètres 60 ; que la chevrette existant en amont fût supprimée dans toute sa longueur, et que le barrage fixe établi en aval du pont, sur plus de la moitié droite du lit du fleuve, fût converti en un barrage mobile comme celui qui lui fait suite sur l'autre partie de la Loire ; encore faudrait-il aussi que nuls obstacles imprévus, tels que des arbres déracinés et entraînés par le courant ou autres, ne vinssent s'amonceler contre les arches du pont et les obstruer en partie, ce qui malheureusement arrive toujours.

La Chambre de Commerce veut bien admettre un instant l'affirmation de Messieurs les Ingénieurs et que, contrairement à ses profondes convictions, le pont pourrait débiter un volume d'eau de 7300 mètres cubes, si la vitesse du courant était de beaucoup supérieure à ce qu'elle a été en 1846 ; si la chevrette en amont était entièrement supprimée ; si le barrage fixe était converti en barrage mobile ; si les sables amoncelés sur le radier du pont n'y étaient pas ; si nul obstacle naturel ou imprévu ne venait obstruer une partie des arches ou ralentir la vitesse du courant ; si les digues de protection étaient assez fortes pour résister à la violence du courant et à la pression énorme que les eaux exerceraient sur elles. Mais que de *si !* Et comment la ville de Roanne pourrait-elle se sentir rassurée, quand sa sécurité dépend d'aussi futiles hypothèses ; quand il ne s'agit pas seulement de donner passage, sous le pont, à 7300 mètres cubes, mais bien à 9466 mètres cubes, chiffre qui, au lieu d'être exagéré, est évidemment atténué, si l'on se base sur la largeur et la profondeur de la brèche de la chaussée et sur la vitesse du courant ?

Mais on a vu qu'en acceptant la vitesse de 5 mètres 30 indiquée par M. Bontoux, le pont ne peut livrer passage qu'à 6745 mètres cubes d'eau par seconde ; c'est donc ce chiffre qu'il faut maintenir.

Un autre danger existe, en outre, depuis la construction sur la Loire du pont de la Compagnie du chemin de fer de Paris à Lyon par le Bourbonnais.

Les Ingénieurs de cette Compagnie ont si bien reconnu que le débit du pont de Roanne était insuffisant, qu'ils ont construit le leur dans des proportions beaucoup plus vastes : ils ont donné à chacune des sept arches qui le composent une largeur de 28 mètres et une hauteur de 9 mètres 30 ; conséquemment, la section du débouché de chaque arche est de 234 mètres 50, et la section totale du débouché de ce pont est de 1641 mètres 50.

Donc, comme on vient de le voir, en se basant sur la vitesse du courant observée au pont de Roanne pendant le maximum de la crue de 1846, le pont du chemin de fer débiterait un volume d'eau de 8700 mètres, tandis que celui de Roanne ne pourrait donner passage qu'à un volume de 6745 mètres cubes. Il en résulterait que chaque seconde amènerait 1955 mètres cubes, et chaque heure 117,300 mètres cubes d'eau entre les deux ponts ; et si l'on suppose que le maximum de la crue dure huit ou dix heures, comme cela a eu lieu en 1846, il y aura une masse fluide d'environ 1,055,700 mètres cubes qui, par suite des talus aboutissant des deux côtés au pont du chemin de fer, sera emmagasinée entre ce pont et celui de Roanne, ce qui en élèvera considérablement le niveau et exercera sur les digues une pression telle, qu'il est impossible qu'elles puissent leur résister, à moins qu'elles ne soient construites dans des conditions extraordinaires de solidité. Il est même certain que l'eau passera alors par-dessus les digues, les renversera, et, se précipitant sur la ville avec une immense impétuosité, y causera des désastres incalculables.

En 1846, la seule cause de la rupture des digues et de l'irruption des eaux dans la ville a été l'insuffisance de l'écoulement de ces eaux par les arches du pont. Si ces masses fluides y avaient trouvé un écoulement suffisant et facile, leur niveau aurait été beaucoup moins élevé en amont, et il aurait été facile de prévenir les désastres dont Roanne a été frappée. Le mal vient donc évidemment de l'insuffisance du débouché du pont, et le remède serait d'augmenter ce débouché et de le mettre en rapport avec la masse d'eau à laquelle, à un moment donné, il faut qu'il livre passage. Ce n'est pas seulement le débouché strictement nécessaire qu'il faut donner au pont; il faut lui donner beaucoup plus que le nécessaire, si l'on veut préserver la ville de tout danger; et il faut faire de même pour les digues, qui seront positivement trop faibles, si on les construit dans les proportions indiquées sur les plans présentés par Messieurs les Ingénieurs.

Dans l'enquête ouverte après la crue de 1846 pour les travaux à exécuter afin de préserver la ville des inondations, les Membres du Conseil municipal disaient que « deux levées parallèles sur enrochement en sable fin, » sans adhérence, revêtues d'un perré en pierres sèches, par conséquent » perméables, ne présentaient pas assez de solidité pour résister au poids » énorme de l'eau dont elles devaient supporter le frottement et la pression; » que, dans cet état, elles seraient plutôt une menace qu'une défense pour » la ville; qu'il leur semblait indispensable de les consolider en établissant » les perrés sur pilotis et palplanches et en pierres et chaux. » Ils ajoutaient : « Les soussignés sont également convaincus de l'insuffisance du » débouché du pont; et, indépendamment des attérissements déterminés par » les travaux supérieurs, le barrage situé en aval du pont a nécessaire- » ment pour résultat d'élever le niveau des eaux, de retenir les sables, » d'exhausser le lit du fleuve, et, par suite, de paralyser les effets de la » vitesse nouvelle que l'on se propose d'imprimer au courant. »

Comme on le voit, les prévisions du Conseil municipal étaient parfaitement fondées, et ce qui s'est passé depuis les a pleinement justifiées, en condamnant l'opinion des Ingénieurs, qui affirmaient alors que des perrés en pierres sèches garantiraient la ville de Roanne des inondations à venir, de même qu'ils prétendent aujourd'hui que des perrés en maçonnerie de 0 m 40 d'épaisseur sur la partie inférieure, et de 0 m 30 seulement sur la partie supérieure, résisteront aux crues ultérieures.

Mais qui oserait affirmer que, de même que les perrés en pierres sèches qui devaient garantir Roanne de tout danger, n'offrent qu'une barrière insuffisante aux inondations; qui oserait affirmer, disons-nous, que ceux projetés en maçonnerie d'une aussi faible épaisseur seront assez solides pour résister à l'énorme vitesse et à la violence inouïe que, au dire de Monsieur l'Ingénieur en chef du service hydraulique, auraient les eaux, si elles passaient toutes sous les arches du pont? Voici, en effet, ce que cet ingénieur écrivait dans le *Conciliateur* du 14 avril 1847 :

« En supposant que le quart du volume des eaux d'inondation qui s'est » écoulé à la gauche du pont, se soit trouvé réuni aux trois quarts qui » ont coulé sous les arches, il serait résulté de cette réunion une aug- » mentation de vitesse de moitié en sus de ce qu'elle a été effectivement; » et comme cette dernière vitesse a été assez grande pour renverser, » dégrader, emporter beaucoup de parties des levées du port, tant en » amont qu'en aval du pont, on ne saurait douter qu'une vitesse moitié » plus grande, c'est-à-dire de 6 à 7 mètres, n'eût fait aussi beaucoup plus » de mal et n'eût peut-être détruit complètement les levées sur l'une et » l'autre rives.

» Nous qui croyons que c'est la trop grande violence de la vitesse des » eaux, aux abords et sous les arches du pont de Roanne, *qui est à* » *redouter pour l'avenir*, dans le cas où une crue pareille à celle du 18 » octobre se reproduirait, et où les digues de défense rempliraient par- » faitement leur destination; nous qui croyons que ce qu'il y a à faire, » *ce n'est pas d'accroître cette vitesse et cette violence*, *mais bien de* » *les atténuer et amoindrir*, afin de les rendre incapables de dégrader, » de renverser, d'emporter les ouvrages exposés à leur action, *nous* » *demandons, nous aussi, l'augmentation du débouché des grandes crues* » *de la Loire à Roanne, sur tous les points où cette augmentation sera* » *reconnue nécessaire.* »

La Chambre de Commerce prie instamment l'Administration supérieure de prendre en très-sérieuse considération ces paroles de M. Vauthier, qui prouvent jusqu'à la dernière évidence que le débouché du pont de Roanne est positivement insuffisant, et que les perrés projetés auraient une trop faible épaisseur pour pouvoir résister aux masses fluides qu'elles sont destinées à retenir dans le lit de la Loire.

Si, après la crue de 1846, l'Administration des Ponts-et-Chaussées, ne tenant aucun compte des prévisions et des prières des habitants de Roanne, n'avait pas marchandé la dépense; si alors elle avait construit des perrés en maçonnerie d'une épaisseur suffisante pour résister à un volume d'eau égal, sinon supérieur, à celui de cette crue, elle ne serait pas obligée de les reconstruire et de faire ainsi double dépense.

Aujourd'hui, Messieurs les Ingénieurs, dédaignant les terribles leçons du passé, et dans un but d'économie mal entendue, ne veulent donner à ces perrés qu'une épaisseur évidemment insuffisante de 0 m 40 sur la moitié inférieure, et de 0 m 30 sur la partie supérieure. Le moindre défaut de construction, l'action du temps et des eaux occasionneront certainement des infiltrations que, dans les moments de crue, l'énorme pression de l'eau augmentera rapidement ; les digues seront alors emportées, et Roanne verra se renouveler les désastres qui l'ont frappée en 1846.

De même qu'à cette époque Messieurs les Ingénieurs se sont trompés, de même ils se trompent positivement encore ; ils se sont même toujours trompés, et la Loire a constamment démenti leurs calculs, qui reposent sur des bases essentiellement variables avec chaque inondation. Aussi, dans son mémoire, Monsieur l'ingénieur Bontoux faisait-il ce précieux aveu : « Nous regardons comme à peu près impossible de connaître le nivellement » d'une crue égale à celle de 1846 dans le lit de la Loire ; l'application » des formules de l'hydraulique mathématique est impossible dans le cas » qui nous occupe. »

La conclusion de ce qui précède est : 1° que le débouché du pont de Roanne est positivement insuffisant et qu'il faut l'augmenter ; 2° que les obstacles en amont et en aval qui s'opposent à la rapidité du courant aussi bien que ceux qui occasionnent un remous doivent être supprimés ; 3° que les perrés projetés n'ont pas une épaisseur suffisante.

Mais il y a un autre moyen, moyen suprême, de mettre pour toujours Roanne à l'abri des inondations. « Ici, » comme le dit M. Pothier dans son excellente brochure sur le pont de Roanne et les inondations de la Loire, « ici le point de vue s'élève, l'horizon s'agrandit, l'intérêt devient immense ; » c'est une grande question d'Etat. Ce n'est plus de Roanne qu'il s'agit, ce » n'est plus même de notre arrondissement ; c'est la richesse et la sécurité » de plus de cinquante villes et de plus de vingt départements qui sont » en jeu. »

Ce moyen souverain, ce palladium, c'est l'exhaussement du digueron et de la digue de Pinay ainsi que de la digue du château de la Roche.

Faisons en quelques mots l'historique de ces digues. En 1702, la Compagnie Lagardette obtenait le privilége de la navigation sur la Loire, et faisait sauter à la mine d'énormes rochers qui obstruaient son lit et gênaient cette navigation, ce qui augmenta considérablement le débit du fleuve et facilita les débordements en aval.

De nombreuses plaintes s'élevèrent, et le Roi ordonna alors au sieur

Robert de la Chastre, intendant des levées, et aux ingénieurs Poïtevin et Mathieu, de se transporter sur les lieux, de constater le volume des roches qui avaient été enlevées, et d'examiner si ces travaux étaient la cause des débordements fréquents survenus depuis quelques années.

Un procès-verbal du 23 janvier 1711, contenant l'avis du sieur Robert de la Chastre, constate que les quatre inondations survenues depuis 1707 ont été causées par les enlèvements de rochers faits pour faciliter la nouvelle navigation établie entre Saint-Rambert et Roanne ; il y est dit que, « pour » éviter à l'avenir de pareils débordements, il est indispensable de faire » trois digues : la première, aux piles de Pinay ; la seconde, à l'endroit » du château de la Roche ; et la troisième, aux piles et culées d'un ancien » pont qui était construit sur la Loire, au bout du village de Saint- » Maurice ; et qu'avec le secours de ces digues, les passages étant resserrés, » lorsqu'il arrive de grandes crues, les eaux qui s'écoulaient en deux jours » auraient peine à passer en quatre ou cinq : le volume des eaux étant » diminué de la moitié ne causera plus de ravages pareils à ceux qui sont » survenus depuis trois ans. »

Sur le rapport du sieur Desmaretz, conseiller ordinaire au Conseil royal, Louis XIV ordonna, le 23 juin 1711, l'adjudication de ces trois digues.

Les digues de Pinay et de la Roche furent seules construites : la première coûta environ 170,000 francs, et la seconde, 40,000 francs.

Ainsi, moyennant une somme de 210,000 francs, on a diminué d'un tiers la crue de 1846 qui, ainsi réduite, a néanmoins causé des dommages évalués à 40 millions (*Moniteur* du 3 juin 1847).

Monsieur l'ingénieur en chef Boulangé a fait des calculs qui établissent que le volume d'eau retenu, en 1846, par la digue de Pinay, a été de 108,292,000 mètres cubes, et que la durée de la retenue a été de seize heures trente minutes, ce qui fait une retenue de 1823 cubes par seconde. Mais il dit que, au commencement de la crue, ce volume était presque nul ; qu'il a augmenté peu à peu, pour diminuer ensuite et devenir presque nul au moment où les eaux étaient à leur plus grande élévation à la digue, c'est-à-dire au moment où la digue laissait passer autant d'eau qu'il en arrivait en amont ; et il en conclut que le volume d'eau retenu par chaque seconde, pendant les seize heures trente minutes qu'a duré le remplissage du réservoir, a dû être double, c'est-à-dire qu'il a pu être de 3646 mètres à la seconde. Il ajoute : « Si l'on compare ce volume à celui qui a passé à » Roanne au moment de la crue, et qui, d'après les calculs faits par » M. Vauthier, s'est élevé à 7300 mètres cubes à la seconde, on voit que,

» sans lès digues de Pinay et de la Roche, ce volume aurait pu être de » moitié en sus de ce qu'il a été. Dans ce cas, la crue aurait duré beaucoup » moins longtemps ; mais comme les dommages proviennent surtout de la » hauteur à laquelle les eaux s'élèvent, il est probable que toute la partie » inférieure de la ville de Roanne aurait été complètement détruite, et que » tout le littoral en aval aurait éprouvé des dommages beaucoup plus » considérables encore que ceux que l'on a eu à déplorer. »

Ces digues n'ont pas seulement pour résultat de diminuer le volume des eaux et conséquemment leur élévation et leur rapidité : elles ont encore pour résultat de diminuer l'intensité des crues en aval du Bec-d'Allier. En effet, l'Allier et la Loire n'étant séparés que par une chaîne de montagnes qui reçoit fort souvent des pluies d'orage sur ses deux versants, si les digues de Pinay et de la Roche n'existaient pas, les crues de ces deux grands cours d'eau viendraient se réunir au Bec-d'Allier, et il en résulterait que, à partir de ce point, les eaux de la Loire auraient un énorme développement et renverseraient tout sur leur passage. La durée de la retenue des eaux opérée par la digue de Pinay étant de seize heures trente minutes, le ralentissement des eaux dans la partie supérieure de la Loire ne peut donc offrir que de très-grands avantages.

M. Boulangé conseille la construction, aux piles de Saint-Maurice, du barrage qui avait été décrété en 1711, et, en outre, l'établissement de deux barrages sur chacun des douze principaux affluents de la Loire ; puis il dit : « Cette solution nous paraît d'autant meilleure, qu'elle produira un » effet utile, quel que soit le volume d'une crue. Les solutions partielles » proposées pour chaque localité, surtout lorsqu'elles consistent en digues » insubmersibles, ne conviennent, au contraire, que pour des hauteurs » d'eau déterminées ; et cependant, il est dans la nature des choses que » ces hauteurs varient d'une manière imprévue par le concours de toutes » les circonstances qui occasionnent les crues extraordinaires. Il en résulte » très-souvent que, dans les grandes crues extraordinaires, les digues qu'on » croyait insubmersibles sont submergées, et que les eaux occasionnent alors » beaucoup plus de dommages que si elles avaient pu s'étendre naturel- » lement dans le fond des vallées. » Il dit encore que, « en comparant la » dépense de construction des digues de Pinay et de la Roche au résultat » produit, on est obligé d'avouer que les travaux du Gouvernement » produisent rarement un effet utile aussi considérable. »

En tenant compte des dégradations faites à la digue de Pinay avant 1846, ce barrage, lors de la crue du 18 octobre, a été submergé par un volume d'eau ayant 3 mètres 93 de hauteur (1) sur une longueur moyenne de 115 mètres, y compris le digueron ; or, en calculant la vitesse de cette eau à 6 mètres par seconde, ce qui n'est nullement exagéré, on trouve qu'il est passé au-dessus de la digue un volume d'eau de 2706 mètres cubes par seconde.

Depuis lors on a réparé la digue de Pinay et on l'a relevée à peu près à la hauteur qu'elle avait après sa construction ; cette réparation, ainsi que celle que l'on va faire au digueron, retiendront un plus grand volume d'eau ; et, en supposant une nouvelle crue égale à celle de 1846, il est certain que l'eau ne s'élèverait pas à une aussi grande hauteur au-dessus de ces ouvrages ; cependant le remous qu'ils occasionneraient ralentirait considérablement la rapidité du courant et élèverait le niveau de l'eau, qui ne serait pas très-sensiblement inférieur à ce qu'il a été à cette époque.

On a calculé que pour que les crues ne s'élèvent pas à une hauteur de plus de 5 mètres au pont de Roanne, il fallait exhausser de trois mètres la digue telle qu'elle est aujourd'hui. Il importe à la ville de Roanne et aux dix départements que la Loire baigne ou traverse en aval que cette élévation des eaux ne soit pas dépassée, afin d'éviter les désastres que les crues leur causent toutes les fois qu'elles atteignent une plus grande hauteur.

Si l'on compare la dépense qu'occasionnerait l'exhaussement des digues de Pinay et de la Roche à celle qu'il faudrait faire pour ajouter une arche seulement au pont de Roanne, on trouve une énorme différence en faveur de l'exhaussement de ces digues. En effet, la construction d'une arche coûterait environ 400,000 francs ; l'expropriation des maisons qui bordent le quai de la Loire s'élèverait à peu près à 300,000 francs ; la levée et le perré qu'il faudrait reconstruire coûteraient près de 200,000 francs, soit en tout 900,000 francs ! Au contraire, l'exhaussement du digueron et de la digue de Pinay ne coûterait que 62,000 francs, tout au plus. Le digueron et la digue ont une longueur totale de 95 mètres et une largeur moyenne de 13 mètres, ce qui, sur 3 mètres de hauteur, forme un cube total de 3705 mètres. En évaluant cette maçonnerie à 14 francs le mètre cube, on est certainement au-dessus de la vérité, car le sable et la pierre sont sur place et ne coûteraient que les frais d'extraction.

La digue de la Roche ayant une longueur de 65 mètres sur 10 de largeur, cela fait 650 mètres qui, multipliés par une hauteur de 4 mètres, qu'il faudrait lui donner en plus, feraient un cube total de 2600 mètres,

(1) Voir la fig. 2 de la pl. 159 jointe au mémoire de M. Boulangé (Montbrison, 11 juillet 1847).

lesquels, à 14 francs le mètre cube, occasionneraient une dépense de 36,400 francs; soit en tout 98,400 francs, au lieu de 900,000 francs!

Toutefois, cet exhaussement ne se ferait pas sans une vive opposition de la part des habitants de la plaine de Nervieux et de Feurs, dont les propriétés seraient couvertes par un volume d'eau sensiblement plus élevé que celui qui les submerge actuellement en temps de crue. Mais si cet exhaussement peut présenter quelques désavantages, ils seraient largement compensés par le bien qu'il produirait. Voici en effet ce que dit M. Boulangé dans son mémoire : « Ces deux digues, ne laissant aux eaux qu'un passage » de 20 mètres de largeur, ont arrêté leur écoulement naturel et ont » formé dans la partie basse de la plaine du Forez un vaste réservoir où » les eaux se sont emmagasinées, non-seulement pendant la période » croissante de la crue, mais encore pendant une partie de la période » décroissante.

» L'accumulation des eaux sur ce point y a abattu un grand nombre de » maisons; mais en même temps, elle a déposé sur les terrains inondés » une couche de limon assez épaisse pour que, tout compensé, il soit » parfaitement admis aujourd'hui qu'entre Feurs et la digue de Pinay, » l'inondation a fait plus de bien que de mal. »

Dans son rapport du 22 mai 1867 sur la réparation de la digue de Pinay et l'exhaussement du digueron, Monsieur l'Ingénieur ordinaire de Roanne dit que l'exhaussement du digueron contribuera à hâter l'arrivée du remous derrière les levées des syndicats, et par suite à augmenter la sécurité de ces levées; qu'il aura encore pour effet de favoriser le colmatage de la plaine, et que la valeur de l'engrais déposé à la suite d'une seule grande crue représente plusieurs fois la dépense qu'a nécessitée la construction des deux digues. Dans leur rapport à Louis XIV, les ingénieurs Poitevin et Mathieu disaient qu'il résulterait de la construction de ces digues une grande amélioration pour les terrains de la plaine. Ils avaient donc prévu que le remous opéré par ces digues y déposerait de précieux limons qui depuis en ont sensiblement élevé le niveau. Ajoutons à cela que le remous ne se fait guère sentir actuellement au-delà de Cleppé, et qu'entre cette commune et Feurs, les crues de la Loire font souvent du mal aux terrains, en ravinant les uns et en ensablant les autres. Si l'on élevait la digue de Pinay, le remous se ferait sentir jusqu'à Feurs et fertiliserait alors les terrains que les eaux de crue dévastent aujourd'hui. Sans la digue de Pinay, la plaine de Nervieux serait entièrement couverte de sable, au lieu de l'être d'un précieux limon qui dispense les propriétaires de l'emploi de tout engrais.

Mais en admettant même que cet exhaussement des digues ne produise aucun bien et soit nuisible à la plaine qui s'étend de Nervieux à Feurs, il resterait à examiner quels sont les intérêts en présence et de quel côté est l'intérêt général. En effet, en supposant que l'exhaussement des digues cause des dommages sur les quatre mille hectares environ qui seraient couverts par les eaux en cas d'inondation, ces dommages ne seraient absolument rien, en comparaison de ceux que les crues de la Loire occasionnent sur tout son parcours, qui est de plus de sept cents kilomètres depuis Roanne jusqu'à son embouchure. Ces dommages ont été évalués à 40 millions pour la seule crue de 1846 !

Que seraient donc les indemnités que l'Etat aurait à donner aux habitants de la plaine du Forez, en regard des sommes qu'il a été obligé de donner et qu'il donnera encore à ceux de Roanne et de toutes les villes et villages situés en aval si l'on n'exhausse pas ces digues !

Une très-minime partie de ces indemnités suffirait et au-delà pour couvrir la dépense qu'exigerait l'exhaussement des digues de Pinay et de la Roche, exhaussement que la Chambre de Commerce supplie le gouvernement de l'Empereur d'exécuter ; et elle a d'autant plus confiance dans un accueil favorable, que Sa Majesté, avec sa sagesse accoutumée, a préconisé les avantages de l'établissement des digues sur les cours d'eau, afin d'éviter les désastreux effets des inondations.

En résumé, la Chambre de Commerce de Roanne n'accepte que comme un pis aller le projet présenté par M. de Marne, ingénieur en chef. Elle demande : 1° que l'épaisseur des perrés en maçonnerie soit portée à 80 centimètres sur la moitié inférieure, et à 60 centimètres sur la moitié supérieure, et que le couronnement du parapet soit en pierres de taille, ce qui est dans l'intérêt même du Gouvernement, car alors il exigera moins de réparations ;

2° Que la chevrette en amont du pont soit entièrement supprimée. Cette suppression n'aurait aucun inconvénient si, comme la Chambre l'a demandé depuis longtemps, on livrait à la circulation le chemin de fer de raccordement qui aboutit au bassin du Canal ;

3° La transformation en barrage mobile du barrage fixe existant sur la partie droite de la Loire en aval du pont ;

4° Conformément au projet, la suppression des deux rampes qui existent en aval du pont ; la suppression de toutes les prises d'eau dans le Renaison, sauf le canal appelé le béal de Renaison ; la consolidation du vannage de ce béal et la construction, à 50 centimètres en avant, de deux musoirs avec des rainures dans lesquelles on placerait un rang de poutrelles ;

5° La construction d'une huitième arche au pont de Roanne, ou bien et surtout un exhaussement de trois mètres à la digue de Pinay, et un de quatre mètres à celle de la Roche et, au besoin, la construction d'une troisième digue aux piles de Saint-Maurice, ainsi qu'on l'avait projetée en 1711.

F[que] CHAVERONDIER.

La Chambre de Commerce, après avoir entendu la lecture du Rapport qui précède, l'approuve à l'unanimité, en vote l'impression, et décide qu'il sera joint aux pièces de l'Enquête.

GUILLOUD, *Président.* Rémi DÉCHELETTE, *Vice-Président.*

CHAVERONDIER Francisque, *Secrétaire-Trésorier.*

CHERPIN aîné, RAFFIN Félix, GUILLON, DÉCHELETTE-DESPIERRES, BAJARD Jules, RABOURDIN père, *Membres de la Chambre de Commerce.*

Roanne. — Imprimerie SAUZON, rue Impériale, 70.

www.ingramcontent.com/pod-product-compliance
Lightning Source LLC
LaVergne TN
LVHW052038160826
845678LV00003B/1418

* 9 7 8 2 3 2 9 6 3 2 6 8 1 *